Taschenbuch xxyyzz

©Albert Hansen 2014

Über den Autor:

Die ersten Kindheitsjahre wurden in einem kleinen Ort in Schleswig-Holstein erlebt. Nach dem frühen Tod des Vaters Umzug nach Süd-Deutschland, aufgewachsen in einer Kleinstadt. Erste Gedichte und Lieder entstanden bereits während der Schulzeit . Beruflich zog er aber zuerst in die Technik. In seiner Freizeit zeigt sich die tiefe Verbindung zur Natur und auch seiner ursprünglichen Herkunft. Die meisten Reisen führten in nordische Länder, oft an die Ostsee. Viele Eindrücke der Reisen werden in teils außergewöhnlichen Fotos festgehalten.

Albert Hansen

kleine Lyrik

BoD Taschenbuch

copyright ©2014 Albert Hansen
Herstellung und Verlag:
BoD – Books on Demand, Norderstedt.
www.bod.de

ISBN 9-783735-782502

am Anfang stand der Reim,
im Anschluss folgt die Prosa;
die Sprache, die ist rosa,
zusammenhält der Leim.

©Albert Hansen 2014

6

Inhaltsverzeichnis

1. Übersicht..9
2. Vorwort..11
3. Frühe Gedichte..13
4. Spätere Gedichte...55
5. Nachwort...74

1 *Übersicht*

Vorwort

frühe Gedichte

spätere Gedichte

neue Gedichte

Nachwort

10

2 *Vorwort*

Die Gedichte entstanden gegen Ende der Schulzeit und während dem Studium. Thematisch verarbeitet wurden spontane Einfälle, Beobachtungen oder auch nachdenklich stimmende Erfahrungen und Erlebnisse.

3   *Frühe Gedichte*

Die Frierende

Heut' morgen in der Straßenbahn
laß' ich mich gar gemütlich fahr'n,
da draußen alles weiß und kalt.

Die nächste Station kommt – Halt !
Da steigt ein Mädchen ein, das zitterte
ganz fürchterlich und bibberte.

Sie setzte sich nur eine Bank vor mir
und heimlich schielte ich nach ihr
und fühlte mein Verzagen.

Ich wollt' sie fragen
- tat's doch nicht
obwohl sie oft mir sah ins G'sicht -

warum und ob ich helfen könnte.
Stattdessen sah ich an die Wände
und in die weite Ferne.

Wärme würd' ich geben gerne,
doch zeig ich Desinteresse, Nicht-beachten;
mein Herze tut mich sehr verachten.

Sie fuhr mit mir zur Endstation,
ich stieg dort aus und ging davon
ohn' mich noch einmal umzudrehn.

Vielleicht blieb sie noch'n Weilchen stehn
bevor sie einen warmen Platz sich suchte,
derweil ich meine Feigheit still verfluchte.

Tag und Nacht

Die Sonn' geht auf,
die Sonn' geht unter.
Dazwischen sind die meisten Menschen munter.
Und wer das nicht begriffen hat,
schläft tags und nachts er läuft -
ist Träumer, Werwolf oder Ratt'.

Der Mond geht auf,
der Mond geht unter,
und wer dazwischen lebt, oh Wunder,
der hat das alte Leben satt,
guckt Fern, Film oder säuft -
vielleicht auch Liebe ihn gefangen hat.

Die rote Hose

Rote Hose, Rosenhose
duftet und reizt ungemein.
Rote Hose, schöne Beine
winkt und locket gar zu fein.

Rote Hose, runder Popo,
enganliegend, formangebend.
Rote Hose, Modehose,
durch die Städte strebend.

Rote Hose, tote Hose,
rote Hose hier und da,
Hosen runter, Blick dahinter.
Keiner weiß, was dann geschah !

<u>Sturm</u>

Grau ist der Himmel
und rau ist die See,
in Luv tobender Sturm und Stille in Lee.

Laut knattern die Segel,
die Masten stöhnen
und unter Deck die Wellen dumpf dröhnen.

Der Käpt'n brüllt,
die Muskeln gespannt,
"Klabautermann fort, wir müssen an Land !"

Doch von der Takelage
hoch droben erklingen
Schifferklaviere, Matrosen von ihren Träumen singen:

"Von der Sonne gewärmt,
vom Winde getönt,
fehlt nur noch von einem Mädchen verwöhnt."

Ringelschwänzchen

An einem schönen Sommertag
bei blauem Himmel, grünen Gras,
da ging ein rosa Tier spazieren,
noch jung und dumm auf allen Vieren.

Es schaut die weite Welt sich an,
erstaunt, gefesselt, wie im Bann.
Sieht Bäche, Wälder, Wiesen, Hecken -
doch ach, wer tut es da erschrecken ?

Unheimlich still ist's um die Wutz.
Ein Kitzeln macht sie ganz verdutzt.
Ein Schnecklein, Schweinerei
liebt Ringelschwänzchen ohne Scheu !

Gesellschaftsfähig ?

Die Welt ist bunt
und bunt das Leben.
Die Welt ist rund
und vieles tut sich regen.

Hier ist Musik und Tanz,
dort wird vom nächsten Treff gesprochen,
gefeiert wird im Lichterglanz.
In Gruppen wird der Bann der Einsamkeit gebrochen.

Am Abend trifft man Freund und Freundin
für Kino, Kegeln oder Sportverein.
Gewünscht ist der Gemeinschaftssinn
und g'mütliches Beisammensein.

Es wird geschwätzt, gelacht gesungen.
Bier fließt dazu oder auch Wein,
bis dass der Tag ist ausgeklungen,
zuviel für Morgen darf's nicht sein.

Nur ab und zu in einem kleinen Zimmer,
fernab von jedem Jubel,
sitzt noch ein Mensch allein bei Kerzenschimmer.
Hat er denn keine Freud' am Trubel ?

Hoffnung

In den goldnen Schilf- und Seggenhalmen
singt der Wind und trägt die Samen übers Ried,
wie die Worte Gottes in den Psalmen
und in manchem andern Lied.

Heute scheint die Wintersonne
herrlich warm am Bodensee,
wenig Arbeit, welche Wonne
und es hat noch keinen Schnee.

Baum und Sträucher ohne Blätter,
nur vereinzelt Beeren Vögel laben.
Jesus Christus, unser Retter,
Hunger stillt durch seine Gaben.

Einsamkeit und stilles Sterben,
Zeichen für die kalte Jahreszeit,
viele Menschen jetzt umwerben
trotz Advents- und Weihnachtszeit.

Hoffnung, Freude und Behagen
sollen grad in diesen Tagen
zu den Menschen werd' getragen.

Diese Welt

Diese Welt
meine Sinne nicht erhellt,
da alles fällt.

Menschen in Not
durch Gewalt und Seelentod,
nur giftiges Brot.

Aufrüstung, Umweltverschmutzung,
Terror, Betrug,
und kaum ein Mensch wird daraus klug.

Politiker lügen,
Unternehmer treten mit Füßen
was Vernunft würd' gebieten.
Der kleine Mann muß alles büßen.

Doch auch dies
wird vergehen gewiss.
Leben auch ohne Menschen möglich ist !

Backen

Backpflaume,
festbacke,
Backpfeife,
au Backe -
Backenkuss,
welch ein Genuss !

<u>Dienstlich</u>

An einem Dienstag morgen
die Sonn' am Himmel lacht.
Noch bin ich frei von Sorgen.
Die Arbeit fängt erst an um acht.

Per Fahrrad geht's zum Schutzgebiet
für seltne Tier und Pflanzen.
Genannt wird's Wollmatinger Ried,
ein Paradies für Wanzen.

Doch dann geht's los mit diesem Dienst !
Dienstbesprechung, Dienstbuch, Arbeitsdienst,
das Auto vom Naturschutzdienst,
Diensträder und noch Küchendienst.

Die Zivis machen hier den Dienst im Dienste der Natur.
Jakob, Jochen und der Markus erleben Riedbetreuung pur.

Dann kommt er der Dienstschluss. Schluss mit dem Dienst !
Es gibt jetzt Kaffee, Kuchen zum End' der Prozedur.
Gefeiert wird der Herr der Dienste, der Riedgeist Michael Dienst !
(zum Geburtstag von M.Dienst)

Darf ich dir schreiben ?

Die Blätter, sie rauschen,
die Zweige, sie wehen,
dem Wind tu ich lauschen,
dich möcht' ich wiedersehen.

Der Bach plätschert leise,
die Wellen sich drehen,
ein Wunsch geht auf Reise,
dich möcht' ich wiedersehen.

Die Wolken sie treiben,
die Zeiten, sie gehen,
darf ich dir schreiben,
dich möcht' ich wiedersehen ?

Wirst du dann klagen
und mich abhaken ?
Oder wirst du mir sagen:
ich möcht' dich wiedersehen ?

<u>Es regenet so seltsam</u>

Es regnet ganz sachte
wie wenn jemand leis lachte.

Es regnet ganz leise
wie eine zärtliche Weise.

Es regnet ganz zart
auf so seltsame Art.

Es regnet so seltsam.
Ein Mensch ist einsam -
    er weint.

Eine laue Nacht

Die Nacht ist lau,
ein schöner Tag geht vorbei.
Du schläfst unter dem Himmel
und fühlst dich ganz frei.

Du bist müde und legst dich zur Ruh'.
Nach langem Tag fallen die Augen dir zu.
Ganz still ist es unter dem Himmelszelt.
Die Nacht ist von Mond und Sternen erhellt.

Doch dann eine zarte Stimme erklingt.
Die warme Nachtluft sie durchdringt.
Erst kommt sie allein,
bald werden es hunderte sein.

Ein leiser Hauch deine Haut plötzlich streift.
Um dich wird's schwarz bevor du's begreifst.

Sie kriechen in Hals, Nase, Ohren.
Den Rüssel durch deine Haus sie bohren.
Schnell füllt sich ihr Körper rot durch dein Blut.
Gleich bist du erwacht und glühst jetzt vor Wut.

Tja, Mücken stechen ohne zu fragen.
Wieder hast du dir eine Nacht um die Ohren geschlagen.

<u>Angelika</u>

      A n jedem Tag
      N ach langer Fahrt
      G etrennt so hart
von E inem Mädchen, das ich mag,
      L ieg nun ich einsam und allein
      I m Gras und denk, warum
      K annst du nicht bei mir sein
      A ngelika.

Dunkle Locken

Dunkle Locken, zarte Haut,
das ist, was mein Herz aufbaut.
Dunkle Augen, schöner Mund
tut mir deine Liebe kund.

Schöne Nase warmer Hauch,
deinen Atem mag ich auch,
weiche Formen zum Liebkosen
duften frisch wie junge Rosen.

Schöne Stimme, warme Töne,
was ich fürcht', ist deine Träne.
Was ich mag, das ist dein Lachen,
möcht dich immer glücklich machen.

Der Sommer

Geweckt von der Sonne goldenem Strahl,
ein kühler Morgen, die Felder sind kahl,
ein leichter Wind durch die Bäume streift,
Sehnsucht nach dir mein Herz ergreift.

Still ist es noch so früh am Morgen.
Glitzernder Tau verdrängt alle Sorgen.
Sanft fällt das bunte Laub auf Erden.
Winter wird's bald wieder werden.

Ach wie war der Sommer doch schön.
2 Monate konnt' ich mein Lieblingsland sehn.
Mein Motorrad durch Skandinavien mich trug.
Doch die Zeit verrinnt wie im Flug.

Landschaft und Menschen, Tiere und Pflanzen
erfüllten mein Herz, ich lieb es im Ganzen.
Sonne und Wärme, auch Schnee und Eis,
Sturm, Wind und Regen erfüllten die Reis'.

8 Wochen nur Fjord, Fjälle und Seen,
Bäche und Berge, Elche und Ren,
Stille und Weite, Moor und Gras.
In dieser Ruhe, die Zeit ich vergaß.

Gott dieses Land meiner Träume segnet,
in dem du mir einsam und traurig begegnet.
Mög' er auch dich segnen im Stillen.
Dein Herz mit Trost, Freude und Kraft immer füllen.

Noch hungriger

Dass Liebe durch den Magen geht,
mein Herz bei dir besonders gut versteht.
Es tut sich daran laben.

Und all die leckren Gaben,
die du so schön mir eingepackt,
jetzt werd'n verdaut im Magensack.

Sie kräftigen mein Leib und Seel'.
Ich mach daraus bestimmt kein Hehl.
Und lass sie auf der Zung' zergehn -

kannst du mein Schmatzen denn verstehn ?
Das ist mein Dank aus großer Fern'.
Ich hab dich echt zum Fressen gern !

Feuer und Flamme

Es lodert und brodelt,
es knistert, knackt und brennt.
Die Dunkelheit davon wird durchtrennt.

Es züngelt und zuckt,
es knallt zischt und spuckt,
feuriger Tanz heißer Lüste.

Dunkelrot glüht es, hellrot es glimmt,
schwarzbrauner Schatten,
Schweiß über meinen Körper rinnt.

Es kommt immer näher,
schon spür' ich den Hauch.
Mein Atem stockt im dichten Rauch.

Jetzt ist's geschehen,
ich bin umzingelt, Flucht ist vergebens.
Erbarmungslos packt mich die Flamme meines Lebens.

Taumeln

Taumeln vor Freude,
        Taumeln vor Leid
Was geschah heute ?
        Was bringt morgen die Zeit ?
Flieg hoch ! Immer höher !
        Über die Wolken der Sorgen
        der Sonne entgegen !
                mein kleiner Schmetterling.

Eine Woche Liebe

Liebe ohne Ende schick ich dir zum Wochenende.
Liebe bis zum Anschlag schick ich dir zum Samstag.
Liebe wie ein Rahmschlag schick ich dir zum Sonntag.
Liebe (Worte) nur als Anfang schick ich dir zum
                                        Wochenanfang
Liebe im Rundumschlag schick ich dir zum Montag.
Liebe voller Hingab' schick ich dir zum Dienstag.
Liebe wie ein Wetterhoch schick ich dir zum Mittwoch.
Liebe wie ein Donnerschlag schick ich dir zum Donnerstag.
Mit Liebe fang den Freitag an.
    Heute Abend komm ich dann.

Wäscheleine

An einer Wäscheleine
da hängt ein Ringelstrumpf
heute Nacht ganz alleine.
Unter mir liegt der ganze Sumpf
meines Lebens – oh Katzengejammer,
ich häng' nur an einer Wäscheklammer.

Tausend Lichter am Firmament,
ein ganzer Funkenregen.
Hilfe der Socken brennt !
- Ein sanfter Wind
beginnt mich zu bewegen,
ich träum' von dir.
Hast du diese
Leine gespannt über die Welt
von dir zu mir ?

Morgen früh
wenn die Vögel dich wecken,
bunte Blumen die Erde bedecken,
der Tag die Nacht verdrängt,
werd' ich dann endlich abgehängt ?

Oder willst du den alten Socken vergessen,
den Ärger mit seinen vielen Flecken ?
Hast du ein neues Kätzchen gefunden
und willst mit ihm die Welt erkunden ?

Dein alter Socken gibt mir noch lange Geborgenheit.
Doch nimmt er mir nicht die Einsamkeit.
Magst du uns beide nicht doch behalten ?

Die Turmuhr

Hörst du die Turmuhr schlagen
nachts um halb drei.
Hörst du die Lämmer klagen
ach wär'n wir doch frei.
Hörst du das leise Reden der Dunkelheit
und denkst, ach wär'n wir zu zweit ?

Siehst du das Licht dort verglimmen
im Haus nebenan ?
Siehst du die Farben verschwimmen
im Fluss unter der Tann' ?
Siehst du den Mond dort oben am Himmel
und denkst, unsere Liebe, die schimmelt ?

Fühlst du den Wind um dich wehen,
er streichelt dich sacht ?
Fühlst du dich einsam dort stehen
in dieser Nacht ?
Fühlst du die Sehnsucht nach neuer Wärme,
stört dich das alte Gelärme ?

Dann brich noch auf eh der neue Tag beginnt.
Brich auf, eh dir die erste Träne über die Wange rinnt.
Doch geh mit Gott in die weite Welt
und vergiss nicht die Heimat, die dir die Treue hält.
Denn wenn du nicht findest was dein Herze begehrt,
komm wieder heim, hier wirst du immer verehrt.

Bahnsteig

Drei alte Blechwände eine hölzerne Bank umgeben.
Eine Zigarettenkippe verglimmt daneben
    am Bahnsteigrand.
    Von wem ist mir unbekannt.
Ein alter Mann fest seiner Frau das Hinterteil hält
    als hätt' er in Händen die ganze Welt.
Zwei Mädchen wie wild auf den Zehen hüpfen.
10 Meter weiter 4 Beine, 4 Arme, 1 Körper
    ob die wohl nicht schwitzen?
Gelassen wippt ein Kopf vor sich hin,
    gehalten von Kopfhörer, Walkmann, Hand unterm Kinn.
In der Nacht leuchtet eine Zeitung auf
    zwischen Hut, Mantel und Tabakrauch.
Auf der Bank gleitet ganz sachte eine Hand durch blondes Haar
- 3 Lichter, ein lautes Dröhnen, furchtbar!
Tausend Fenster schießen vorbei,
    bunte Gesichter, Hüte und Kleider.
    Dann wird's schnell wieder leiser.
Die Hand ist noch da, tief gefangen in goldenen Strähnen,
der Kopf wippt noch weiter als sei nichts geschehen.

Ich sitz gegenüber, 2 Gleise dazwischen,
      und zähle die Schwellen.
Der nächste Zug hält leise
      ohne windige Wellen.
So viele Menschen sind heute Nacht auf Reise ?!
Der Mond scheint so weise
      aus großer Ferne;
schwach leuchtet die Bahnhofslaterne
und der Zug rollt sanft an.
Langsam verschwindet der letzte Wagon.
Ein Mann nur verlässt den Salon
      und die Bank ist leer;
      auch Zeitung und Walkmann sind nicht mehr.

Still liegt der Bahnsteig in dunkler Nacht
und ich wart' auf den Zug.

Holde Anna

Leise gleite ich dahin, über Brücken, Wiesen Felder.
Ab und zu hält er,
der Zug.
Grau schlängelt sich nebenher ein Band,
das mir aus anderer Perspektive gut bekannt.
Dunkel glänzt ein Bach durch das Grün,
ach könnt ich hier jetzt mit dir spazieren gehen,
holde Anna !

Hier plötzlich geht dem Bach das Wasser aus.
Groß und starr starren die Steine in die Welt hinaus.
Wann werden sie wieder im Wasser untergehen ?
Wer wird danach neben mir alles fehlen ?
Wem hat die Welle das Gesicht zerschlagen ?
Wen hat sie unter Sand vergraben ?
Tausend offene Fragen – nach dem Sinn des Lebens.
Und du fragst auch,
holde Anna.

Nur, wer kann dir oder dem Stein eine Antwort geben ? -
Das große 'V' einer Brücke schreckt mich auf:
"Vergänglich" – ist so vieles, ich leider auch.
Und doch hat das alles einen tiefen Sinn.
Unser aller Seelen leben darin,
in Menschen, in Stein, Bach und Baum
Dies ist kein Traum der heraufziehenden Nacht.
Überall wenn es dunkel wird, wird ein Licht entfacht,
auch für dich,
holde Anna !

Nun sitz ich hier mit Studentenfutter
und denk an deine Mutter,
an ihre edle Schwarzwaldforelle
und an deine braune Welle;
wie sie mich locken, deine herrlichen Locken.
Doch ich muss fort, muss dich heute leider verlassen.
Noch kann ich es gar nicht so richtig erfassen.
Noch hoff' ich auf morgen, doch weiß ich
es wird später als übermorgen …
Liebende Sorgen um dich,
holde Anna.

Dunkle Drähte durchziehen die Nacht.
Sie bringen Licht, Nachricht und Kraft.
Sie führen und leiten, verbinden mit Macht.
Schwarze Geleise glänzen im Mondlicht.
Schwelle um Schwelle zähl ich
      damit die Zeit schneller vergeht.
Ein kühler Wind mir entgegen weht.
Ich lasse mich treiben,
denk nur an dich,
holde Anna.

Land der Fjorde und Seen

Oh Norwegen, Land der Fjorde und Seen.
Endlich komm ich wieder.
Meine Seele sucht die deine
damit ich kann bestehn'
in dem Leben der Lieder
und Steine.

Ich bin alleine.
Und doch krankt meine Seele,
nicht nur das Ohr.
Wie fremd kommst du mir vor ?
Ich hör nicht meine Freunde.
Sag mir, was geht hier vor ?

Seit fast 10 Jahren lieb ich dich.
Du gibst mir stets Geborgenheit.
Von meinen Ängsten hast du mich sooft befreit.
Bei jedem Wiedersehen beschenkst du mich erneut.
Ich danke dir,
besonders für dieses Mädchen hier.

Das du vor Jahren vier
in meine Arme hast geführt.
Gib, dass sie deine Liebe
stets in ihrem Herzen spürt.
Du, Land der Lachse und Ren,
bleib du für immer, ach so schön !

Die Liebe brennt in meinem Herz,
doch brennen geht nicht ohne Schmerz..
Das Nichtverstehen quält mich sehr,
oft ist dann alles schrecklich leer
und aussichtslos und willensschwach.
Dann gibt die ganze Seele nach.

Wo steh ich nur, wo kann ich hin ?
Wie lange noch gibt's einen Sinn ?
Was hält mich wenn ich wirklich fall ?
Oh Gott, wie einsam ist's im All.
Du Land der Bäche und der Bäume
erfüll' doch einen meiner Träume.

Du Land der langen Tage und der Nächte,
du Land der Moose und der Flechte,
du Land der Pilze und der Beeren,
du Land der Fischer und der Fähren,
behüte doch mit deiner Macht,
das liebe Mädchen, das du mir gebracht.

Geträumt

Dies ist der erste Liebesbrief,
der vor lauter Liebe trieft,
der vor lauter Liebe stinkt,
den die Post dir trotzdem bringt.

Dies ist ein starker Liebesduft,
so penetrant wie aus der Gruft,
der die ganze Luft durchdringt
während du nach Atem ringst.

Dies ist ein zäher Liebessaft,
der an dir haftet, ekelhaft,
der dich auch noch betrunken macht.
Du bist allein in dieser Nacht.

Geballt, gespannt, die Liebe strotzt,
dann hast du alles ausgekotzt.
Du wirst gepackt, gedrückt, geschüttelt.
Die Liebe hat dich wach gerüttelt.

Lesen im Bett

Lesen im Bett
ist sicher ganz nett
und bequem obendrein,
warm muss es sein
für die Frau im Bett.

Trinken im Bett
ist sicher ganz nett,
doch niemals allein,
Wein muss es sein
für die Frau im Bett.

Musik im Bett
ist sicher ganz nett,
mal Blues und mal Rock
oder Pop machen Bock
auf die Frau im Bett.

So frei

Den Arm unter den braunen Locken,
hält sie die Augen sanft geschlossen und träumt.
Eine Blumenwiese die Decke säumt
und wogt leicht während die Socken
Geschichte erzählen:

Du wirst mir fehlen.
Sie ist auf Reise weit in der Ferne.
In bunten Ländern wandern ihre Gedanken.
Hier ist heller Tag, über dir funkeln die Sterne
und Gott kannst du danken,

Dass er über dir wacht.
Was hast du für schlimme Sachen gelesen,
dass die Socken so rennen ?
Und du atmest so leicht, als sei nichts gewesen.
Das Buch ist dir grad so aus der Hand gefallen
und du warst frei.

Ein grüner Baum

Ein grüner Baum auf weiter Flur.
Woher nimmt er die Hoffnung nur
wenn Sturm und Wetter ihn zerzausen,
die Ungeziefer in ihm hausen,
die Äste und die Zweige knacken
Schnee, Regen, Hagel ihn anpacken ?

Nach langer Nacht die Sonn' am Himmel blinkt,
der Wind sanft in den Blättern singt,
die Bienen in den Blüten summen,
die Käfer auf der Rinde brummen.

Die Vögel zwitschern voller Freude.
Am Stamme ruh'n ein paar junge Leute.
Und jeder weiß auf dieser Welt:
Nur Hoffnung und die Liebe
       alles Leben aufrecht hält.

Kochen

Beim Suppe kochen
      lass nichts überkochen,
beim Eier trennen
      lass nichts anbrennen
beim Herd schüren
      musst du umrühren -
von Mädchen
      lass dich nicht verführen.

Heute morgen hör ich ...

Heute morgen hör ich Lieder,
denke "Anna" immer wieder,
drehe mich im Kreis herum,
frag mich immerzu "warum" ?

Mir wird flau und immer flauer,
mich durchdringen Wärmeschauer
und die Kniee werden weich.
Mein Nase ist ganz bleich.

Denken geht schon lang nicht mehr
und mein Herze ist so schwer,
dass ich auf den Boden sink
und das Lied von vorn beginn.

4 *Spätere Gedichte*

Ich sitz hier am Tisch
und denke - Gespenster
gibt es hier nicht.

Der Stein auf der Mauer
ist noch kein Kalauer,
doch tut er mir Kund
von dem Wert dieser Stund.

Es glänzt diese Rinde
doch dieser Baum ist keine Linde
denn hier ist es kalt.
Trotzdem ist dieser Baum sehr alt.

Gelb an der Mauer
schwankt eine Blume
gleich einem Manne
mit einem Kruge   -   im Wind.

Ein Kätzchen sitzt im grünen Gras.
Vom Regen wird ihr Schwänzchen nass.
Es zuckt nach links,
es zuckt nach rechts.
Im Baum darüber klopft ein Specht
und fängt sich einen Engerling.

Rot leuchten die Berge
im Abendlicht.
Wind bewegte Wasser,
euch vergesse ich nicht.

Leise rauscht die See
und Möwen schweben über dem Meer,
frische Küste, ich lieb dich so sehr.
Doch ich muss weiter, oh weh.

Weiß leuchten die Berge am Firmament,
Die Nacht hat längt den Tag verdrängt.
Doch die Dunkelheit fällt nur langsam.

Der Fels in der Brandung steht einsam
von tosender See in Gischt gehüllt,
heulender Sturm die Luft erfüllt.

Der Baum steht schräg zur Seite geneigt,
die Blumen leuchten im Frühlingskleid
und die Mauer aus Stein sieht ausdruckslos

wie die Zeit weiterläuft dimensionslos;
wie alles Leben in Abschnitte einfach zerfällt,
ein jeder viel wertvoller als irgend ein Geld.

Schwach leuchten die Lampen im Abendlicht,
weit in der Ferne verliert sich die Sicht.
Sanft rollen die Wellen an den Strand,
Gott hält jeden fest an seiner Hand.

Still steht die Kapelle hinter der Mauer,
Stein neben Stein erzählen von Trauer.
Doch leuchten die Blumen dazwischen hervor.
Es gibt neues Leben, sieh immer empor.

Geh immer weiter und fürchte dich nicht,
hinter jedem Schatten leuchtet ein Licht.
Und siehst du Menschen im Dunkeln stehn,
zünd selber eins an. Sie soll'n den Weg sehn',

den der Herr dich selbst führt.
So sieh auf der Menschengemüt.
Gottes Liebe euch alle umgibt
damit jeder sie spürt.

Es glänzt der See,
es singt die Meise,
der Wind erzählt ganz leise
- von Heimweh.

Dunkel zieht eine Wolke herauf.
Die Sonne beendet ihren Tageslauf.
Und die Vögel pfeifen ihr Abendlied,
irgendwann ist immer ein Abschied.

Das Schilf knistert leise im Abendwind,
goldener Glanz seine Rispen umringt.
Sanft schaukeln die Halme von Wellen bewegt.
Ins Wasser ragt ein einsamer Steg.

Er weist den Weg geradeaus
in diese vielfältige Welt hinaus.
Sein Gesicht ist gezeichnet von dieser Zeit.
An seinem Ende ist der Abgrund nicht weit.

Die Weide sanft ihre Zweige schwingt,
der Trauerschnäpper sein Lied dazu singt,
der Stieglitz in der Pfütze sein Gefieder poliert
- und ich hab mir grad ein Brot geschmiert.

Ein Schlückchen Rotwein
darf's am Abend schon sein
wenn die Sonn' am Firmament erlischt
und es kühler geworden ist.

Noch tschilpen die Spatzen unterm Tisch.
Die Möwe sucht ihren Abendfisch.
Ein kleines Kind buddelt sein letztes Loch.
Der Tag geht zur Neige. Ich entzünde den Docht.

Ein schwaches Licht leuchtet auf in der Dämmerung,
zwei Höckerschwäne ziehen in sanftem Schwung
ihrem Schlafplatz entgegen.
Bald werde auch ich mich schlafen legen.

Doch der Mond ganz sachte sein Licht entfacht,
je heller er leuchtet, desto dunkler die Nacht.
Es singen die Mücken und ander Getier
von der Herrlichkeit Gottes und seiner Güte hier.

Still sitzt ein Mensch im Liegestuhl
und guckt in die Ferne; wohin meinst du wohl ?
Es weiß keiner, auch er nicht
denn in seinen Augen bricht sich das Licht.

Wie lang mag er hier wohl schon denkend sitzen
in gleißender Sonne schmachtend und schwitzend ?
Kein Windhauch seine Seele erreicht,
ist er innerlich ausgebleicht.

Doch - nein ! Seine Augen fange an zu blitzen,
ein helles Geräusch läßt ihn seine Ohren spitzen.
Und er springt auf mit zielstrebendem Schritt;
- und du möchtest mit.

Einsam steht die Bank am Ufer
sieht der goldnen Sonne nach
wie ihr schwacher Schein erlischt,
Abend es geworden ist.

Golden zieht noch mancher Streifen
über Wasser, Berge, Weiten.
Doch des Tages letzte Ruh
deckt allmählich alles zu.

Müde streckt sich Mensch und Tier
von der Last des Tages nieder,
Vögel putzen ihr Gefieder
und der Mensch entkorkt sein Bier.

Schwach erglimmet die Laterne,
unsichtbar sind noch die Sterne,
schnell erlischt das Tageslicht
und der Mond zeigt sein Gesicht.

Leise fange an zu singen
dunkler Nächte sanfte Stimmen,
zartes Zirpen hier erwacht,
stilles Lachen in der Nacht.

Noch ein müder Mensch kehrt heim,
einsam traurig und allein,
steigt die Stufen leis empor,
öffnet schließlich dann sein Tor,

streift die Kleider von den Gliedern,
setzt sich auf sein Bette nieder,
dankt dem Herrn für diesen Tag
und ergibt sich dann dem Schlaf.

Zehn kleine Schillerlocken
zappeln auf und nieder.
Zehn kleine Schillerlocken
tun das immer wieder.

Zehn kleine Schillerlocken
spielen mal Versteck.
Zehn kleine Schillerlocken
sind manchmal ganz keck !

Herbstlaub

Welkes Laub am Straßenrand
meines Wegs ich sterbend fand.

Lange blieb ich stille stehn,
sah ihm nach und fand es schön.

Wird das Herz im Herbste leerer,
wird der Blick langsam verklärter,

Nimmt die Farbe sachte zu,
legt das Blatt sich müd' zur Ruh'.

Weich legt sich der Nebel
        über die Bäume
Die Sonne verleiht ihm
        goldene Säume
und der Tau in den nassen Halmen
        glänzt sachte.

Als ich heute morgen
        ganz früh erwachte
erfüllte den Raum
        der Vögel zartes Geflüster
als seien alle
        Bruder und Schwester.

Viel Freude und 'nen lieben Gruß,
dazu 'nen herzlich dicken Kuss.
Das wünsch ich dir für diesen Tag,
weil ich dich mag.

74

5 *Nachwort*

aabbccddeeff

MIX
Papier aus verantwortungsvollen Quellen
Paper from responsible sources
FSC® C105338